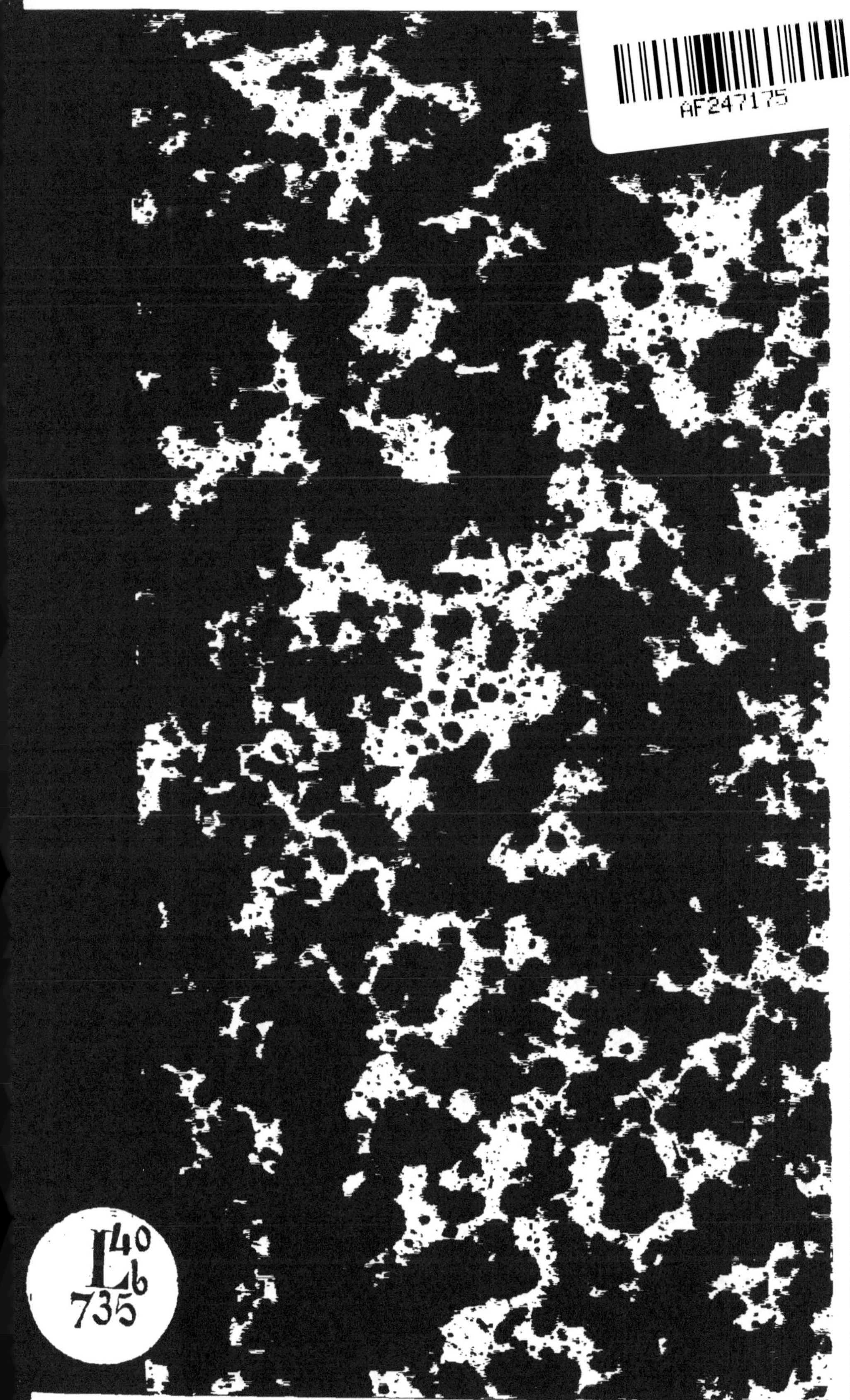
AF247175

# SOCIÉTÉ

## DES AMIS DE LA LIBERTÉ ET DE L'ÉGALITÉ.

---

# SECOND DISCOURS

## DE MAXIMILIEN ROBESPIERRE,

### SUR LE JUGEMENT DE LOUIS CAPET;

*Prononcé à la convention nationale, le 28 décembre, l'an premier de la république.*

CITOYENS,

PAR quelle fatalité la question qui devroit réunir le plus facilement tous les suffrages & tous les intérêts des représentans du peuple, ne paroît elle que le signal des diffentions & des tempêtes?

24          A

Pourquoi les fondateurs de la république font-ils divifés fur la punition du tyran ? Je n'en fuis pas moins convaincu, que nous fommes tous pénétrés d'une égale horreur pour le defpotifme, enflammés du même zèle pour la fainte égalité ; & j'en conclus que nous devons nous rallier aifément aux principes de l'intérêt public et de l'éternelle juftice.

Je ne répéterai point qu'il eft des formes facrées, qui ne font pas celles du barreau ; qu'il eft des principes indeftructibles, fupérieurs aux rubriques confacrées par l'habitude et par les préjugés ; que le véritable jugement d'un roi, c'eft le mouvement fpontané & univerfel d'un peuple fatigué de la tyrannie, qui brife le fceptre entre les mains du tyran qui l'opprime ; que c'eft-là le plus fûr, le plus équitable & le plus pur de tous les jugemens. Je ne vous répéterai pas que Louis étoit déjà condamné, avant le décret par lequel vous avez prononcé qu'il feroit jugé par vous ; je ne veux raifonner ici que dans le fyftême qui a prévalu. Je pourrois même ajouter que je partage, avec le plus foible d'entre vous, toutes les affections particulières qui peuvent l'intéreffer au fort de l'accufé. Inexorable, quand il s'agit de calculer, d'une manière abftraite, le degré de févérité que la juftice des loix doit déployer contre les ennemis de l'humanité, j'ai fenti chanceler dans mon cœur, la vertu républicaine, en préfence du coupable humilié devant la puiffance fouveraine. La haine des tyrans & l'amour de l'humanité ont une fource commune dans le cœur de l'homme jufte, qui aime fon pays. Mais, citoyens, la dernière preuve de dévouement que les repréfentans du peuple doivent à la patrie, c'eft d'immoler ces premiers mouvemens de la fenfibilité naturelle au falut d'un grand peuple & de l'humanité opprimée. Citoyens, la fenfibilité qui facrifie l'innocence au crime, eft une fenfibilité cruelle; la clémence qui compofe avec la tyrannie, eft barbare.

Citoyens, c'eft à l'intérêt fuprême du falut public que je vous rappelle. Quel eft le motif qui vous force à vous occuper de Louis? Ce n'eft pas le defir d'une vengeance indigne de la nation; c'eft la néceffité de cimenter la liberté et la tranquillité publique par la punition du tyran. Tout mode de le juger, tout fyftéme de lenteur qui compromet la tranquillité publique, contrarie donc directement votre but; il vaudroit mieux que vous euffiez abfolument oublié le foin de le punir, que de faire de fon procès, une fource de troubles & un commencement de guerre civile. Chaque inftant de retard amène pour nous un nouveau danger ; tous les délais réveillent les espérances coupables, encouragent l'audace des ennemis de la liberté, nourriffent au fein de cette affemblée la fombre défiance, les foupçons cruels ; citoyens, c'eft la voix de la patrie alarmée qui vous preffe de hâter la déci- fion qui doit la raffurer. Quel fcrupule enchaine encore votre zèle ? Je n'en trouve le motif, ni dans les principes des amis de l'humanité, ni dans ceux des philofophes, ni dans ceux des hommes d'état, ni même dans ceux des praticiens les plus fubtils et les plus épineux. La procédure eft arrivée à fon dernier terme. Avant-hier, l'accufé vous a déclaré qu'il n'avoit rien de plus à dire pour fa défenfe ; il a reconnu que toutes les formes qu'il défiroit étoient remplies ; il a déclaré qu'il n'en exigeoit point d'autres. Le moment même où il vient de faire entendre fa juftification eft le plus favorable à fa caufe. Il n'eft pas de tribunal au monde, qui n'adoptât, en fûreté de confcience, un pareil fyftême. Un malheureux pris en flagrant délit, ou prévenu feulement d'un crime ordinaire, fur des preuves mille fois moins éclatantes, eût été condamné dans vingt-quatre heures. Fondateurs de la répu- blique, felon ces principes, vous pouviez juger, il y a long-temps, avec fécurité, le tyran du peuple français. Quel étoit le motif d'un nouveau délai? Vouliez-vous acquérir de nouvelles preuves écrites contre l'accusé? Non. Vouliez-vous faire entendre des témoins? Cette idée n'est encore entrée dans la tête d'aucun de nous. Doutiez-vous du crime? Non. Vous auriez douté de la légitimité ou de la nécessité de l'insurrection; vous douteriez de ce que la nation croit fermement; vous seriez étranger à notre révolution; & loin de punir le tyran, c'est à la nation elle-même que vous auriez fait le procès. Avant-hier, le seul motif que l'on ait allégué, pour prolonger la décision de cette affaire, a été la nécessité de mettre à l'aise la conscience des membres, que l'on a supposés n'être point encore convaincus des attentats de Louis. Cette supposition gratuite, injurieuse & absurde a été démentie par la discussion même.

Citoyens, il importe ici de jeter un regard sur le passé & de vous retracer à vous-mêmes vos propres principes et même vos propres engagemens. Déjà, frappés des grands intérêts que je viens de vous représenter, vous aviez fixé deux fois, par deux décrets solemnels, l'époque où vous deviez juger Louis irrévocablement; avant-hier étoit la seconde de ces deux époques. Lorsque vous rendîtes chacun de ces deux décrets, vous vous promettiez bien que ce seroit-là le dernier terme; & loin de croire que vous violiez en cela la justice & la sagesse, vous étiez plutôt tentés de vous reprocher à vous-mêmes trop de facilité. Vous trompiez-vous alors? Non, citoyens, c'est dans les premiers momens que vos vues étoient plus saines, & vos principes plus sûrs; plus vous vous laisserez engager dans ce système, plus vous perdrez de votre énergie & de votre sagesse; plus la volonté des représentans du peuple, égarée, même a leur insçu peut-être, s'éloigne a de la volonté générale, qui doit être leur suprême régulatrice. Il faut le dire, tel est le cours naturel des choses, telle est la pente malheureuse du cœur humain. Je ne puis me dispenser de vous rappeler ici un exemple frappant, analogue aux circonstances où nous sommes, & qui doit nous instruire. Quand Louis, au retour de Varennes, fut soumis au jugement des premiers représentans du peuple, un cri général d'indignation s'elevoit contre lui dans l'assemblée constituante; il n'y avoit qu'une voix pour le condamner. Peu de temps après, toutes les idées changèrent, les sophismes & les intrigues prévalurent sur la liberté & sur la justice; c'étoit un crime de réclamer contre lui la sévérité des loix à la tribune de l'assemblée nationale; & ceux qui vous demandent aujourd'hui, pour

.la feconde fois, la punition de fes attentats, furent alors perfécutés, profcrits, calomniés dans toute l'étendue de la France, précifément parce qu'ils étoient reftés en trop petit nombre, fidèles à la caufe publique, & aux principes févères de la liberté; Louis feul étoit facré; les repréfentans du peuple, qui l'accufoient, n'étoient que des factieux, des déforganifateurs, & qui pis eft, des républicains; que dis-je? Le fang des meilleurs citoyens, le fang des femmes & des enfans coula pour lui fur l'autel de la patrie. Citoyens, nous fommes des hommes auffi, fachons mettre à profit l'expérience de nos devanciers.

Je n'ai pas cru cependant à la néceffité du décret qui vous fut propofé de juger fans défemparer. Ce n'eft pas que je me détermine par le motif de ceux qui ont cru que cette mefure accuferoit la juftice, ou les principes de la convention nationale. Non, même à ne vous confidérer que comme des juges, il étoit une raifon très-morale qui pouvoit facilement la juftifier en elle-même; c'eft de fouftraire les juges à toute influence étrangère; c'eft de garantir leur impartialité & leur incorruptibilité, en les renfermant feuls avec leur confcience, & les preuves, jufqu'au moment où ils auront prononcé leur fentence. Tel eft le motif de la loi angloife, qui foumet les jurés à la gêne qu'on vouloit vous impofer ; telle étoit la loi adoptée chez plufieurs peuples célèbres par leur fageffe ; une pareille conduite ne vous eût pas déshonoré, plus qu'elle ne déshonore l'Angleterre & les autres nations qui ont fuivi les mêmes maximes ; mais, moi, je la juge encore fuperflue, parce que je fuis convaincu que la décifion de cette affaire ne fera pas reculée au-delà du terme, ou vous ferez fuffifamment éclairés, & que votre zèle pour le bien public eft pour vous une loi plus impérieufe que vos décrets.

Au reste, il étoit difficile de répondre aux raifons que je viens de développer ; mais pour retarder votre jugement, on vous a parlé de l'honneur de la nation, de la dignité de l'affemblée. L'honneur des nations, c'eft de foudroyer les tyrans & de venger l'humanité avilie ! La gloire de la convention nationale confifte à déployer un grand caractère, & à immoler les préjugés ferviles aux principes falutaires de la raifon & de la philofophie ; il confifte à fauver la patrie, & à cimenter la liberté par un grand exemple donné à l'univers. Je vois fa dignité s'éclipfer à mefure que nous oublions cette énergie des maximes républicaines pour nous égarer dans un dédale de chicanes inutiles & ridicules, et que nos orateurs, à cette tribune, font faire à la nation un nouveau cours de monarchie. La postérité vous admirera ou vous méprisera selon le degré de vigueur que vous montrerez dans cette occasion ; & cette vigueur sera la mesure aussi de l'audace ou de la souplesse des despotes étrangers avec vous : elle sera le gage de notre servitude, ou de notre liberté ; de notre prospérité, ou de notre misère. Citoyens, la victoire décidera si vous êtes des rebelles, ou les bienfaiteurs de l'humanité ; et c'est là hauteur de votre caractère qui décidera la victoire. Citoyens, trahir la cause du peuple & notre propre conscience ; livrer la patrie à tous les désordres que les lenteurs d'un tel procès doivent exciter, voilà le seul danger que nous devions craindre. Il est tems de franchir l'obstacle fatal qui nous arrête depuis si long-tems à l'entrée de notre carrière ; alors, sans doute, nous marcherons ensemble d'un pas ferme vers le but commun de la félicité publique ; alors les passions haineuses qui mugissent trop souvent dans ce sanctuaire de la liberté feront place à l'amour du bien public, à la sainte émulation des amis de la patrie, & tous les projets des ennemis de l'ordre public seront confondus. Mais, que nous sommes encore loin de ce but, si elle peut prévaloir ici, cette étrange opinion, que d'abord on eût à peine osé imaginer ; qui ensuite a été soupçonnée ; qui, enfin, a été hautement propofée !

Pour moi, dès ce moment, j'ai vu confirmer toutes mes craintes & mes soupçons. Nous avions tous d'abord paru inquiets sur les suites des délais que la marche de cette affaire pouvoit entraîner, & il ne s'agit rien moins que de la rendre interminable ; nous redoutions les troubles que chaque moment de retard pouvoit amener ; & voilà qu'on nous garantit en quelque forte le bouleverfement inévitable de la république. Eh ! que nous importe que l'on cache un deffein funefte fous le voile de la prudence, & même fous le prétexte du refpect pour la fouveraineté du peuple ! Ce fut là l'art perfide de tous les tyrans déguifés fous les dehors du patriotifme, qui ont, jufques ici, affaffiné la liberté, & caufé tous nos maux. Ce ne font point les déclamations fophiftiques, mais le réfultat qu'il faut pefer.

Oui, je le déclare hautement, je ne vois plus déformais, dans le procès du tyran, qu'un moyen de nous ramener au defpotifme, par l'anarchie. C'eft vous que j'en attefte, citoyens, au premier moment où il fut queftion du procès de Louis le dernier, de la convention nationale, convoquée alors expreffément pour le juger ; lorfque vous, parties de vos départemens, enflammés de l'amour de la liberté ; pleins de ce généreux enthoufiafme que vous infpiroient les preuves récentes de la confiance d'un peuple magnanime, que nulle influence étrangère n'avoit encore altéré; que dis-je, au premier moment où il fut ici question d'entamer cette affaire, fi quelqu'un vous eût dit : « vous croyez que vous aurez terminé le procès du tyran, dans huit jours, dans quinze jours, dans trois mois ; vous vous trompez : ce ne sera pas même vous qui prononcerez la peine qui lui eft due, qui le jugerez définitivement ; je vous propofe de renv·yer cette affaire aux 44 mille sections qui partagent la nation française, afin qu'elles prononcent toutes fur ce point; & vous adopterez cette propofition. » Vous auriez rit de la confiance du motionnaire, vous auriez repouffé la motion, comme incendiaire, & faite pour allumer la guerre civile. Le dirois-je ? On affure que la difpofition des efprits eft changée ; telle eft sur plufieurs, l'influence d'une atmofphère peftiferée, que les idées les plus fimples et les plus naturelles, font fouvent étouffées par les plus dangereux fophismes. Impofez filence à tous les préjugés, à toutes les fuggeftions ; examinons de sang - froid cette fingulière queftion.

Vous allez donc convoquer les affemblées primaires, pour les occuper chacune féparément de la deftinée de leur ci-devant roi ; c'eft-à-dire, que vous allez changer toutes les assemblées de canton , toutes les sections des villes, en autant de lices orageuses , où l'on combattra , pour ou contre la personne de Louis, pour ou contre la royauté ; car il existe bien peu des gens pour qui il est peu de distance entre le despote & le despotisme. Vous me garantissez que ces discussions seront parfaitement paisibles , & exemptes de toute influence dangereuse : mais garantissez-moi donc auparavant que les mauvais citoyens, que les modérés , que les feuillans , que les aristocrates, n'y trouveront aucun accès ; qu'aucun avocat bavard & astucieux, ne viendra surprendre les gens de bonne foi , & apitoyer sur le sort du tyran, des hommes simples qui ne pourront prévoir les conséquences politiques d'une funeste indulgence , ou d'une délibération irréfléchie. Mais que dis-je ? cette foiblesse même de l'assemblée , pour ne point employer une expression plus forte , ne sera-t-elle pas le moyen le plus sûr de rallier tous les royalistes , tous les ennemis de la liberté , quels qu'ils soient , de les rappeler dans les assemblées du peuple qu'ils avoient fui , au moment où il vous nomma , dans ces tems heureux de la crise révolutionnaire , qui rendit quelque vigueur à la liberté expirante ? Pourquoi ne viendroient-ils pas défendre leur chef, puisque la loi appellera elle-

( 13 )

même tous les citoyens, pour venir difcuter cette
g ande quefti n, avec une entière liberté ? Or,
qui eft plus difcret, plus adroit, plus fécond en
reffources, que les intriguans, que les honnêtes
gens, c'eft-à-dire, que les frippons de l'ancien &
même du nouveau régime ? Avec quel art ils
déclameront d'abord contre le roi, pour conclure
enfuite en fa faveur ? Avec qu'elle éloquence ils
proclameront la fouveraineté du peuple, les droits
de l'humanité, pour ramener le royalifme & l'a-
riftocratie ? Mais, citoyens, fera-ce bien le peuple qui fe trouvera à ces affemblées primaires ?
Le cultivateur abandonnera-t-il fon champ ? L'ar-
tifan quittera-t-il le travail auquel eft attachée fon
exiftence journalière, pour feuilleter le code pénal, & déiibérer dans une affemblée tumultueufe
fur le genre de peine que Louis Capet a encouru,
& fur bien d'autres queftions peut-être qui ne feront pas moins étrangères à fes méditations. J'ai
entendu déjà diftinguer le peuple & la nation,
précifément à l'occafion de cette motion même.
Pour moi, qui croyois ces mots fynonimes, je
me fuis apperçu qu'on renouvelloit l'antique dif-
tinction que j'ai entendu faire, par une partie de
l'affemblée conftituante ; & je fens qu'il faut entendre par le peuple, la nation, moins les ci-
devant privilégiés & les honnêtes gens ; or je

conçois que tous les honnêtes gens, que tous les intriguans de la république, pourront bien se réunir en force, dans les assemblées primaires, abandonnées par la majorité de la nation, qu'on appelle ignoblement le peuple, & entraîner les bonnes gens, peut-être même traiter les amis fidèles de la liberté, de *cannibales*, *de désorganisateurs*, *de factieux*. Je ne vois, moi, dans ce prétendu appel au peuple, qu'un appel de ce que le peuple a voulu, de ce que le peuple a fait, au moment où il déployoit sa force, dans le seul tems où il exprimoit sa propre volonté ; c'est-à-dire, dans le tems de l'insurrection du 10 août, à tous les ennemis secrets de l'égalité, dont la corruption & la lâcheté avoit nécessité l'insurrection elle-même. Car ceux qui redoutent le plus les mouvemens salutaires qui enfantent la liberté, sont précisément ceux qui cherchent à exciter tous les troubles qui peuvent ramener le despotisme ou l'aristocratie. Mais qu'elle idée, grand Dieu ! de vouloir faire juger la cause d'un homme ; que dis-je ? la moitié de sa cause, par un tribunal composé de 44 mille tribunaux particuliers. Si l'on vouloit persuader au monde qu'un roi est un être au-dessus de l'humanité, si l'on vouloit rendre incurrable la maladie honteuse du royalisme, quel moyen plus ingénieux pourroit-on imaginer que

de convoquer une nation de 25 millions d'hommes pour le juger ; que dis-je ? pour appliquer la
peine qu'il peut avoir encourue ; & cette idée de
réduire les fonctions du fouverain à la faculté de
déterminer la peine, n'eft pas, fans doute, le trait
le moins adroit que préfente ce fyftême.

On a voulu, fans doute, éluder par-là quel-
ques-unes des objections qu'il pouvoit rencontrer.
On a fenti que l'idée d'une procédure à inftruire,
par toutes les affemblées primaires de l'empire
français étoit trop ridicule ; & on a pris le parti
de leur foumettre uniquement la queftion de fa-
voir quel eft le dégré de févérité que le crime de
Louis XVI pouvoit provoquer : mais on n'a fait
que multiplier les abfurdités, fans diminuer les incon-
véniens. En effet, fi une partie de la caufe de Louis
eft portée au fouverain, qui peut empêcher qu'il
ne l'examine toute entière ? Qui peut lui contef-
ter le droit de revoir le procès, de recevoir les
mémoires, d'entendre la juftification de l'accufé,
de l'admettre à demander grace à la nation affemblée ; & dès-lors, de plaider la caufe toute
entière ? Croit-on que les partifans hypocrites du
fyftême contraire à l'égalité, négligeront de faire
valoir ces motifs, & de réclamer le plein exer-
cice des droits de la fouveraineté ? Voilà donc
néceffairement une procédure commencée dans

chaque affemblée primaire. Mais fût-elle réduite à la queftion de la peine, encore faudra-t-il qu'elle foit difcutée ? Et qui ne croira pas avoir le droit de la difcuter éternellement, quand l'affemblée conventionnelle n'aura pas ofé la décider elle-même ? Qui peut indiquer le terme où cette grande affaire feroit terminée ? La célérité du dénouement dépendra des intrigues qui agiteront chaque fection des diverfes fections de la France ; enfuite de l'activité, ou de la lenteur avec lefquels les fuffrages feront recueillis par les affemblées primaires ; enfuite, de la négligence ou du zèle, de la fidélité ou de la partialité avec laquelle ils feront recenfés par les directoires, & tranfmis à la convention nationale, qui en fera le relevé ? Cependant, la guerre étrangère n'eft point terminée ; la faifon approche, où tous les defpotes alliés ou complices de Louis XVI doivent déployer toutes leurs forces contre la république naiffante ; & ils trouveront la nation délibérante fur Louis XVI ! Ils la trouveront occupée à décider s'il a mérité la mort ; interrogeant le code pénal, ou pefant les motifs de le traiter avec indulgence ou avec févérité. Ils la furprendront épuifée, fatiguée par ces fcandaleufes diffentions. Alors, fi les amis intrépides de la liberté, aujourd'hui perfécutés avec tant de fureur, ne font point encore

immolés,

immolés, ils auront quelque chofe de mieux à
faire que de difputer fur un point de procédure ;
il faudra qu'ils volent à la défenfe de la patrie ;
il faudra qu'ils laiffent la tribune , & le théâtre
des affemblées, converties en arênes de chicaneurs,
aux amis naturels de la royauté , aux riches, aux
égoïftes, aux hommes lâches & foibles, à tous les
champions du feuillantifme & de l'ariftocratie.
Mais quoi ! les citoyens qui combattent aujourd'hui
pour la liberté , tous nos fières, qui ont abandonné
leurs femmes & leurs enfans, pour voler à fon fe-
cours, pourront-ils délibérer dans vos villes, &
dans vos affemblées , lorfqu'ils feront dans nos
camps ou fur le champ de bataille ? Et qui, plus
qu'eux, auroit droit de voter dans la caufe de
la tyrannie & de la liberté ? Les paifibles citadins
auront-ils le privilège de la décider en leur abfence?
Que dis-je, cette caufe n'eft-elle pas particulière-
ment la leur ? Ne font-ce pas nos généreux foldats
des troupes de ligne , qui dès les premiers jours
de la révolution , ont méprifé les ordres fangui-
naires de Louis, commandant le maffacre de leurs
concitoyens ? Ne font-ce pas eux qui , depuis ce
tems, ont été perfécutés par la cour, par Lafayette,
par tous les ennemis du peuple ? Ne font-ce pas
nos braves volontaires, qui, dans les derniers tems,
ont fauvé la patrie avec eux, par leur fublime dé-

B

vouement, en repouffant les fatellites du defpotifme , que Louis a ligués contre nous ? Abfoudre le tyran ou fes pareils , ce feroit les condamner eux-mêmes ; ce feroit le vouer à la vengeance
du defpotifme & de l'ariftocratie , qui n'a jamais
ceffé de les pourfuivre ; car de tout tems, il y
aura un combat à mort entre les vrais patriotes
& les oppreffeurs de l'humanité : ainfi , tandis que
tous les citoyens les plus courageux répandroient
le refte de leur fang pour la patrie, la lie de la
nation , les hommes les plus lâches & les plus cor-
rompus , tous ces reptibles de la chicane, tous
les bourgeois orgueilleux & ariftocrates , tous les
ci-devant privilégiés , cachés fous le mafque du
civifme , tous les hommes nés pour ramper &
pour opprimer fous un roi , maîtres des affemblées,
défertées par la vertu fimple & indigente , détrui-
roient impunément l'ouvrage des héros de la liberté , livreroient leurs femmes & leurs enfans à
la fervitude , & feuls , décideroient infolemment
des deftinées de l'état ! Voilà donc le plan affreux
que l'hypocrifie la plus profonde , difons le mot ;
que la fripponnerie la plus déhontée ofe cacher
fous le nom de la fouveraineté du peuple, qu'elle
veut anéantir. Mais ne voyez-vous pas que ce
projet ne tend qu'à détruire la convention elle-
même ? Que les affemblées primaires , une fois

convoquées, l'intrigue & le feuillantifme les dé-
termineront à délibérer fur toutes les propofitions
qui pourront fervir leurs vues perfides ; qu'elles
remettront en queftion , jufqu'à la proclamation
de la république , dont la caufe fe lie naturelle-
ment aux queftions qui concernent le roi détrôné ?
Ne voyez-vous pas que la tournure infidieufe ,
donnée au jugement de Louis, ne fait que re-
produire, fous un autre forme, la propofition qui
vous fut faite dernièrement par Guadet, de convoquer les affemblées primaires, pour revifer le
choix des députés, & que vous avez alors repouf-
fée avec horreur ? Ne voyez — vous point, dans
tous les cas, qu'il eft impoffible qu'une fi grande
multitude d'affemblées foient entièrement d'accord ;
& que cette feule divifion., au moment de l'approche des ennemis, eft la plus grande de toutes
les calamités. Ainfi la guerre civile unira fes fu-
reurs au fléau de la guerre étrangère ; & les intrigans ambitieux tranfigeront avec les ennemis du
peuple, fur les ruines de la patrie, & fur les ca-
davres fanglans de fes défenfeurs.

Et c'eft au nom de la paix publique, c'eft fous
le prétexte d'éviter la guerre civile qu'on vous
propofe cette motion infenfee ! On craint la guerre
civile ; on craint le retour de la royauté, fi vous
puniffez promptement le roi qui a confpiré contre

la liberté ; le moyen de détruire la tyrannie, c'eſt de conſerver le tyran ; le moyen de prévenir la guerre civile, c'eſt d'en allumer ſur-le-champ le flambleau. Cruels ſophiſtes ; c'eſt ainſi qu'on a rai-ſonné de tout tems pour nous tromper. N'eſt-ce pas au nom de la paix & de la liberté même que Louis, Lafayette, & tous ſes complices, dans l'aſ-ſemblée conſtituante & ailleurs, troubloient l'état, calomnioient & aſſaſſinoient le patriotiſme.

Pour vous déterminer à accueillir cet étrange ſyſtéme, on vous a fait un dilème non moins étrange, ſelon moi « ou bien le peuple veut la mort du tyran, ou il ne la veut pas ; s'il la veut, quel inconvénient de recourir à lui ? s'il ne la veut pas, de quel droit pouvez-vous l'ordonner. ? »

Voici ma réponſe : d'abord je ne doute pas, moi, que le peuple la veuille, ſi vous entendez par ce mot, la majorité de la nation, ſans en exclure la portion la plus nombreuſe, la plus in-fortunée & la plus pure de la ſociété ; celle ſur qui pèſent tous les crimes de l'égoïſme & de la tyrannie. Cette majorité a exprimé ſon vœu au moment où elle ſecoua le joug de votre ci-devant roi : elle a commencé, elle a ſoutenu la révolution : elle a des mœurs, cette majorité, elle a du courage ; mais elle n'a ni fineſſe, ni éloquence ; elle foudroye les tyrans : mais elle eſt ſouvent la dupe des frippons. Cette majorité ne doit point être fatiguée par des aſſemblées continuelles, où une minorité intriguante domine trop ſouvent. Elle ne peut être dans vos aſſemblées politiques ; quand elle eſt dans ſes atteliers : elle ne peut juger Louis XVI ; quand elle nourrit à la ſueur de ſon front les robuſtes citoyens qu'elle donne à la patrie. Je me fie à la volonté générale, ſur-tout dans les momens où elle eſt éveillée par l'intérêt preſſant du ſalut public ; je redoute l'intrigue, ſur-tout dans les troubles qu'elle amène, & au milieu des pièges qu'elle a long-tems préparés. Je redoute l'intrigue, quand les ariſtocrates encouragés relèvent une tête altière ; quand les émigrés reviennent, au mépris des loix ; quand l'opinion publique eſt travaillée par les libelles, dont une faction toute puiſſante inonde la France ; qui ne diſent jamais un mot de république, qui n'éclairent jamais les eſprits ſur le procès de Louis le dernier, qui ne propagent que les opinions favorables à ſa cauſe, qui calomnient tous ceux qui pourſuivent ſa condamnation avec le plus de zéle. Je ne vois donc dans votre ſyſtême, que le projet de détruire l'ouvrage du peuple, & de rallier les ennemis qu'il a vaincus. Si vous avez un reſpect ſi ſcrupuleux pour ſa volonté ſouveraine, ſachez la reſpecter ; rempliſſez la miſſion qu'il vous

a confiée. C'eſt ſe jouer de la majeſté du ſouve-
rain , que de lui renvoyer une affaire qu'il vous
a chargés de terminer promptement. Si le peuple avoit le tems de s'aſſembler pour juger des
procès , ou pour décider des queſtions d'état, il
ne vous eut point confié le ſoin de ses intéréts.
La ſeule manière de lui témoigner notre fidélité,
c'eſt de faire des loix juſtes , & non de lui don-
ner la guerre civile. Et de quel droit faites-vous
l'injure au peuple , de douter de ſon amour pour
la liberté ? Aſſecter un pareil doute, qu'eſt-ce autre choſe que le faire naître & favoriſer l'audace
de tous les partiſans de la royauté ?

Répondez vous-mêmes à cet autre dilème : ou
vous croyez que l'intrigue dominera dans les délibérations que vous provoquez , ou vous penſez
que ce ſera l'amour de la liberté & la raiſon. Au
premier cas , j'avoue que vos meſures ſont parfaitement bien entendues pour bouleverſer la république & reſſuſciter la tyrannie; au ſecond cas,
les français aſſemblés verront avec indignation la
démarche que vous propoſez : ils mépriſeront des
repréſentans qui n'auront point oſé remplir le devoir ſacré qui leur étoit impoſé. Ils déteſteront
la lâche politique de ceux qui ne ſe ſouviennent
de la ſouveraineté du peuple , que lorſqu'il s'agit
de ménager l'ombre de la royauté. Ils s'indigne-

ront de voir que leurs repréſentans feignent d'ignorer le mandat qu'il leur a donné. Ils vous diront : « pourquoi nous conſultez-vous ſur la punition du plus grand des criminels ; lorſque le coupable le plus digne d'indulgence, tombe ſous le glaive des loix, ſans notre intervention ? Pourquoi faut-il que les repréſentans de la nation prononcent ſur le crime, et la nation elle-même ſur la peine ? Si vous êtes compétens pour l'une de ces queſtions, pourquoi ne l'êtes-vous pas pour l'autre ? Si vous êtes aſſez hardis pour réſoudre l'une, pourquoi êtes-vous aſſez timides pour n'oſer aborder l'autre ?

Connoiſſez-vous les loix moins bien que les citoyens qui vous ont choiſis pour les faire ? Le code pénal eſt-il fermé pour vous ? Ne pouvez-vous point y lire la peine décernée contre les conſpirateurs ? Or, quand vous aurez jugé que Louis a conſpiré contre la liberté ou contre la ſûreté de l'état, quelle difficulté trouvez-vous à déclarer qu'il l'a encourue ? Cette conſéquence eſt-elle ſi obſcure, qu'il faille des milliers d'aſſemblées pour la tirer ? »

Par quel motif a-t-on voulu vous conduire à cet excès d'abſurdité ? On a voulu vous faire peur, en vous préſentant le peuple, vous demandant compte du ſang du tyran que vous auriez fait couler ? Peuple français , écoute , on te suppose prêt à demander compte à tes repréfen- tans du fang de ton affaffin , pour difpenfer tes repréfentans de demander compte à l'affaffin de ton fang qu'il a verfé ! Et vous , repréfentans, on vous méprife affez , pour prétendre vous con- duire par la terreur , à l'oubli de la vertu. Si ceux qui vous méprifent , font ceux qui vous per- fuadent , je n'ai plus rien à vous dire ; puifqu'il eft vrai que la peur ne raifonne pas ; & dans ce cas , ce n'eft pas l'affaire de Louis XVI qu'il faut renvoyer au peuple , c'eft la révolution toute entière ; car , pour fonder la liberté , pour fou- tenir la guerre contre tous les defpotes & contre tous les vices , il faut au moins prouver fon cou- rage , autrement que par de vaines formules.

Citoyens, je connois le zèle qui vous anime pour le bien public : vous étiez le dernier efpoir de la patrie : vous pouvez la fauver encore. Pourquoi faut-il que nous foyons quelquefois obligés de croire que nous avons commencé notre carrière fous d'affreux aufpices ? C'eft par la terreur & par la calomnie que l'intrigue égara l'affemblée conftituante , dont la majorité étoit bien intentionnée , & qui avoit fait d'abord de fi grandes chofes. Je fuis effrayé de la reffem- blance que j'apperçois entre deux périodes de notre révolution, que le même roi a rendus mémorables.

Quand Louis fugitif fut ramené à Paris, l'assemblée conflituante craignoit auffi l'opinion publique; elle avoit peur de tout ce qui l'environnoit. Elle ne craignoit point la royauté; elle ne craignoit point la cour & l'ariftocratie; elle craignoit le peuple; alors elle croyoit qu'aucune force armée ne feroit jamais affez confidérable, pour la défendre contre lui. Le peuple ofoit faire éclater le defir de la punition de Louis; les partifans de Louis accufoient fans ceffe le peuple; le fang du peuple fut verfé.

Aujourd'hui, j'en conviens, il n'eft pas queftion d'abfoudre Louis; nous fommes encore trop voifins du 10 août & du jour où la royauté fut abolie; mais il eft queftion d'ajourner la fin de fon procès au temps de l'irruption des puiffances étrangères fur notre territoire, & de lui ménager la reffource de la guerre civile; on ne veut point le déclarer inviolable, mais feulement faire qu'il refte impuni; il ne s'agit pas de le rétablir fur le trône, mais d'attendre les événemens. Aujourd'hui Louis a encore cet avantage fur les défenfeurs de la liberté, que ceux-ci font pourfuivis avec plus de fureur que lui-même. Perfonne ne peut douter, fans doute, qu'ils ne foient diffamés, avec plus de foin, & à plus grands frais, qu'au mois de juillet 1791; & certes, les jacobins n'étoient pas plus décriés, à cette époque, dans l'affemblée conftituante, qu'ils ne le font aujourd'hui parmi vous. Alors nous étions des factieux; aujourd'hui nous fommes des agitateurs & des anarchiftes. Alors Lafayette & fes complices oublièrent de nous faire égorger; il faut efpérer que fes fucceffeurs auront la même clémence. Ces grands amis de la paix, ces illuftres défenfeurs des loix, ont été depuis déclarés traîtres à la patrie; mais nous n'avons rien gagné à cela; car, leurs anciens amis, plufieurs membres de la majorité de ce temps-là, cherchent ici même à les venger, en nous perfécutant. Mais ce que perfonne de vous n'a remarqué, fans doute, & qui mérite bien cependant de piquer votre curiofité, c'eft que l'orateur qui, après un libelle préparatoire, diftribué, felon l'ufage, à tous les membres, a propofé & développé, avec tant de véhémence, le fyftême de renvoyer l'affaire de Louis au tribunal des affemblées primaires, en parfemant fon difcours des déclamations ordinaires contre le patriotifme, eft précifément le même, qui, dans l'affemblée conftituante, prêta fa voix à la cabale dominante, pour défendre la doctrine de l'inviolabilité abfolue, & qui nous dévouoit à la profcription , pour avoir ofé défendre les principes de la liberté ; ceft le même , en un mot , car , il faut tout dire , qui , deux jours après le maffacre du Champ-de-Mars , ofa propofer un projet de décret , portant établiffement d'une commiffion , pour juger fouverainement, dans le plus bref délai , les patriotes échappés au fer des affaffins. J'ignore fi , depuis ce temps-là , les amis ardens de la liberté , qui preffent encore aujourd'hui la condamnation de Louis , font devenus des royaliftes ; mais je doute fort que les hommes dont je parle , aient changé de caractère & de principes. Mais ce qui m'eft bien démontré , c'eft que , fous des nuances différentes, les mêmes paffions & les mêmes vices nous conduifent par une pente prefqu'irréfiftible vers le même but. Alors l'intrigue nous donna une conftitution éphémère & vicieufe ; aujourd'hui elle nous empêche d'en faire une nouvelle, & nous entraîne à la diffolution de l'état.

S'il étoit un moyen de prévenir ce malheur , ce feroit de dire la vérité toute entière ; ce feroit de vous développer le plan défaftreux des ennemis du bien public. Mais quel moyen de remplir même ce devoir avec fuccès ? Quel eft l'homme fenfé , ayant quelqu'expérience de notre révolution , qui pourroit efpérer de détruire , en un moment, le monftrueux ouvrage de la calomnie? Comment l'auftère vérité pourroit-elle diffiper les preftiges par lefquels la lâche hypocrifie a féduit la crédulité & peut-être le civifme lui-même? J'ai obfervé ce qui fe paffe autour de nous, j'ai obfervé les véritables caufes de nos diffentions; je vois clairement que le fyftême dont j'ai démontré les dangers, perdra la patrie, & je ne fais quel trifte preffentiment m'avertit qu'il prévaudra. Je pourrois prédire, d'une manière certaine, les événcmens qui vont fuivre cette réfolution, d'après la connoiffance que j'ai des perfonnages qui les dirigent.

Ce qui eft conftant, c'eft que, quel que foit le réfultat de cette fatale mefure, elle doit tourner au profit de leurs vues particulières. Pour obtenir la guerre civile, il ne fera pas même néceffaire qu'elle foit complètement exécutée. Ils comptent fur la fermentation que cette orageufe & éternelle délibération excite dans les efprits. Ceux qui ne veulent pas que Louis tombe fous le glaive des loix, ne feroient pas fâchés de le voir immolé par un mouvement populaire; ils ne négligeront rien pour le provoquer.

Peuple malheureux! on fe fert de tes vertus mêmes pour te perdre. Le chef-d'œuvre de la tyrannie, c'eft de provoquer ta jufte indignation,

pour te faire un crime enfuite , non-feulement,
des démarches indifcrètes auxquelles elle peut te
porter ; mais même des fignes de mécontente-
ment qui t'échappent. C'eft ainfi qu'une cour
perfide , aidée de Lafayette, t'attira fur l'autel
de la patrie , comme dans le piége où elle devoit
t'affaffiner. Que dis-je ? hélas ! fi les nombreux
étrangers qui affluent dans tes murs, à l'infçu
même des autorités conftituées ; fi les émiffaires
même de nos ennemis attentoient à l'exiftence
du fatal objet de nos divifions , cet acte même
te feroit imputé ; alors, ils fouleveront contre
toi, les citoyens des autres partis de la république ;
ils armeront contre toi, s'il eft poffible, la France
entière , pour te récompenfer de l'avoir fauvée !
Peuple malheureux ! tu as trop bien fervi la caufe
de l'humanité, pour être innocent aux yeux de
la tyrannie ; ils voudront bientôt nous arracher
à tes regards, pour confommer en paix leurs exé-
crables projets ; en partant, nous te laifferons
pour adieux la ruine, la mifère, la guerre & la
perte de la république ! Doutez-vous de ce projet ?
Vous n'avez donc jamais réfléchi fur tout ce fyftême de diffamation , développé dans votre fein
& à votre tribune ; vous ne connoiffez donc pas
l'hiftoire de nos triftes & orageufes féances ? Il
vous a dit une grande vérité, celui qui vous

difoit hier que l'on marchoit à la diffolution de l'affemblée nationale par la calomnie. Vous en faut-il d'autres preuves que cette difcuffion? Quel autre objet femble-t-elle avoir maintenant, que de fortifier, par des infinuations perfides, toutes les préventions finiftres dont la calomnie a empoifonné tous les efprits; que d'attifer le feu de la haine & de la difcorde? N'eft-il pas évident que c'eft moins à Louis XVI qu'on fait le procès, qu'aux plus chauds défenfeurs de la liberté? Est-ce contre la tyrannie de Louis XVI qu'on s'élève? Non, c'eft contre la tyrannie d'un petit nombre de patriotes opprimés. Sont-ce les complots de l'ariftocratie qu'on redoute? Non, c'eft la dictature de je ne fais quels députés du peuple, qui font là tous prêts à le remplacer. On veut conferver le tyran pour l'oppofer à des patriotes fans pouvoir. Les perfides! ils difpofent de toute la puiffance publique & de tous les tréfors de l'état, & ils nous accufent de defpotifme; il n'eft pas un hameau dans la république où ils ne nous aient diffamés; ils épuifent le tréfor public, pour multiplier leurs calomnies; ils ofent, au mépris de la foi publique, violer le fecret de la pofte; pour arrêter toutes les dépêches patriotiques, pour étouffer la voix de l'innocence & de la vérité! Et ils crient à la calomnie! Ils nous raviffent jufqu'au droit de fuffrage , & ils nous dénoncent comme des tyrans! Ils préfentent, comme des actes de révolte , les cris douloureux du patriotifme outragé par l'excès de la perfidie ; & ils rempliffent ce fanctuaire des cris de la vengeance & de la fureur!

Oui, fans doute, il exifte un projet d'avilir la convention, & de la diffoudre peut-être à l'occafion de cette interminable affaire ; il exifte, non dans ceux qui réclament avec énergie les principes de la liberté ; non dans le peuple qui lui a tout immolé ; non dans la convention nationale qui cherche le bien & la vérité ; non pas même dans ceux qui ne font que les dupes d'une intrigue fatale , & les aveugles inftrumens de paffions étrangères , mais dans une vingtaine de frippons qui font mouvoir tous ces refforts ; dans ceux qui gardent le filence fur les plus grands intérêts de la patrie , qui s'abftiennent fur-tout de prononcer leur opinion fur la queftion qui intéreffe le dernier roi , mais dont la fourde & pernicieufe activité produit tous les troubles qui nous agitent & prépare tous les maux qui nous attendent.

Comment fortirons-nous de cet abyme , fi nous ne revenons point aux principes , & fi nous ne remontons pas à la fource de nos maux?

Quelle paix peut exiſter entre l'oppreſſeur & l'opprimé ? Quelle concorde peut régner, où la liberté des ſuffrages n'eſt pas même reſpectée ? Toute manière de la violer, eſt un attentat contre la nation. Un repréſentant du peuple ne peut ſe laiſſer dépouiller du droit de défendre les intérêts du peuple ; nulle puiſſance ne peut le lui enlever, qu'en lui arrachant la vie.

Déjà, pour éterniſer la diſcorde, & pour ſe rendre maîtres des délibérations, on a imaginé de diſtinguer l'aſſemblée en majorité & en minorité ; nouveau moyen d'outrager & de réduire au ſilence ceux qu'on déſigne ſous cette dernière dénomination. Je ne connois point ici ni minorité, ni majorité. La majorité eſt celle des bons citoyens ; la majorité n'eſt point permanente, parce qu'elle n'appartient à aucun parti ; elle ſe renouvelle à chaque délibération libre, parce qu'elle appartient à la cauſe publique & a l'éternelle raiſon ; & quand l'aſſemblée reconnoît une erreur, comme il arrive quelquefois, la minorité devient alors la majorité. La volonté générale ne ſe forme point dans les conciliabules ténébreux, ni autour des tables miniſtérielles. La minorité a par-tout un droit éternel, c'eſt celui de faire entendre la voix de la vérité, ou de ce qu'elle regarde comme telle.

La

La vertu fut toujours en minorité fur la terre. Sans cela, la terre feroit-elle peuplée de tyrans & d'efclaves ? Hamden & Sydnei étoient de la minorité ; car ils expirèrent fur un échafaud ; les Critias, les Anitus, les Céfar, les Clodius, étoient de la majorité ; mais Socrate étoit de la minorité, car il avala la ciguë ; Caton étoit de la minorité, car il déchira fes entrailles. Je connois ici beaucoup d'hommes qui ferviront, s'il le faut, la liberté, à la manière de Sydnei & d'Hamden ; & n'y en eût-il que cinquante, cette feule penfée doit faire frémir tous ces lâches intrigans qui veulent égarer la majorité. En attendant cette époque, je demande au moins la priorité pour le tyran. Uniffons-nous pour fauver la patrie, & que cette délibération prenne enfin un caractère plus digne de nous & de la caufe que nous défendons. Banniffons du moins tous ces déplorables incidens qui la déshonorent ; ne mettons pas à nous perfécuter plus de temps qu'il n'en faut, pour juger Louis ; & fachons apprécier le fujet de nos inquiétudes. Tout femble confpirer contre le bonheur public... La nature de nos débats agite & aigrit l'opinion publique, & cette opinion réagit douloureufement contre nous ; la défiance des repréfentans du peuple femble croître avec les alarmes des citoyens. Un propos, le plus petit événement que nous devrions entendre avec plus de fang-froid, nous irrite; la malveillance exagère, ou imagine, ou fait naître chaque jour des anecdotes dont le but eft de fortifier les préventions, & les plus petites caufes peuvent nous entraîner aux plus terribles réfultats. La feule expreffion un peu vive des fentimens du public, qu'il eft fi facile de réprimer, devient le prétexte des mefures les plus dangereufes, & des propofitions les plus attentatoires aux principes.... Peuple, épargnes-nous au moins cette efpèce de difgrace; gardes tes applaudiffemens pour le jour où nous aurons fait une loi utile à l'humanité. Ne vois-tu pas que tu leur donnes des prétextes de calomnier la caufe facrée que nous défendons. Plutôt que de violer ces règles févères, fuis plutôt le fpectacle de nos débats; loin de tes yeux, nous n'en combattrons pas moins; c'eft à nous feuls maintenant de défendre ta caufe; quand le dernier de tes défenfeurs aura péri, alors venges-les, fi tu veux, & charges-toi de faire triompher la liberté. Souviens-toi de ce ruban, que ta main étendit naguère, comme une barrière infurmontable, autour de la demeure funefte de nos tyrans encore fur le trône. Souviens-toi de la police maintenue jufques ici, fans bayonnettes, par la feule vertu populaire.

Citoyens, qui que vous foyez, veillez autour du

Temple ; arrêtez, s'il eſt néceſſaire, la malveil‑
lance perfide, même le patriotiſme trompé ; &
confondez les complots de nos ennemis. Fatal
dépôt ! N'étoit-ce pas aſſez que le deſpotiſme du
tyran eût ſi long-temps peſé ſur cette immor‑
telle cité ? Faut-il que ſa garde même ſoit ṗour
elle une nouvelle calamité ? Ne veut-on éterniſer
ce procès que pour perpétuer les moyens de
calomnier le peuple qui l'a renverſé du trône ?

J'ai prouvé que la propoſition de ſoumettre
aux aſſemblées primaires l'affaire de Louis Capet,
tendoit à la guerre civile ; s'il ne m'eſt pas donné
de contribuer à ſauver mon pays, je prends
acte au moins, dans ce moment, des efforts
que j'ai faits pour prévenir les calamités qui le
menacent. Je demande que la convention nationale
déclare Louis coupable & digne de mort.

---

*Extrait du courier des départemens, n°. 28, par
J. A. Gorſas, député à la convention.*

Samedi 29 décembre 1792, page 444.

« Jamais, ni l'aſſemblée conſtituante, ni l'aſſem‑
blée légiſlative, ni la convention, n'ont préſenté une
ſéance où la dignité nationale ait été plus reſpectée.
Pas un murmure, pas un applaudiſſement ; la plus

grandé liberté d'opinion , même pour le difcours de Robefpierre , chef-d'œuvre d'aftuce , de perfidie , & dans lequel la calomnie s'eft pliée & repliée fous toutes les formes. Robefpierre s'eft permis les perfonnalités les plus injurieufes & les plus abfurdes. »

*Extrait du journal de P. J. Briffot , dit le patriote français , n°. 1235.*

Samedi 29 décembre 1792.

« Le difcours de Robefpierre n'a point trompé l'attente de ceux qui font familiarifés depuis long-tems avec fa tactique de tribune. Robefpierre ne veut que des applaudiffemens , il doit donc toujours flagorner le peuple ( des tribunes ). Robefpierre a peur ; il aura donc toujours devant les yeux des poignards. Robefpierre craint la raifon, il parlera donc toujours aux paffions. Il est profond en perverfité, il parlera donc toujours de la profonde perverfité des autres. Il ne ceffe de calomnier fes ennemis , il déclamera donc éternelle-ment contre la calomnie. Prenez au hafard un dif-cours de Robefpierre , vous y verrez toujours ce langage , cette marche. Le difcours qu'il a prononcé aujourd'hui offre un nouvel échantillon....

» Il a fait entendre que le renvoi aux affemblées primaires de la queftion de la peine à infliger au ci-devant roi , étoit un plan défaftreux combiné par des intrigans pour bouleverſer la république, pour occaſionner la guerre civile, faciliter l'entrée de la république aux rois étrangers, & tranſiger enſuite aux dépens du bon, du pauvre peuple.... Demandez à Robeſpierre ſes preuves ; il vous répondra ; je ne prouve rien, je dénonce ; ai-je prouvé à la commune, quand je dénonçois mes adverſaires à la bonne volonté de mes ſatellytes ?....

» Il voyoit ce plan écrit dans l'ignorance des aſſemblées primaires ; les bavards, les intrigans y domineroient infailliblement....

« La plupart des motifs donnés par Robeſpierre contre le renvoi au peuple ſont tous à-peu-près de cette force ; mais il les a entremêlés de diatribes contre ſes adverſaires, d'inſinuations plus dangereuſes que la calomnie, d'éternels appels au peuple des tribunes, de figures de rhétorique ſur les dangers qu'il couroit, de jérémiades ſur les perſécutions éprouvées par ce qu'il appelle les patriotes, & qui ne ſont que les anarchiſtes.... Il s'eſt conſolé d'être avec eux dans la minorité, en penſant que la vertu ſur la terre avoit toujours été dans la minorité ; excellent ſyſtême pour juſtifier les éternelles inſurrections, pour mettre à leur aiſe les agitateurs, & n'être jamais content d'aucun gouvernement....

» Tel eſt à-peu-près le caractère de cette pièce, qui paroiſſoit aſſez bien combinée pour enflammer les tribunes. »

*La société, dans sa séance du 29 décembre 1792, a arrêté l'impression du discours de Robespierre, & l'envoi à toutes les sociétés avec qui elle fraternise.*

MONESTIER, député, *président.*

DESFIEUX, *vice-président.*

BOURDON, député ; CHALLES, député ; DROUET, député ; LAFAYE ; MITTIÉ fils ; AUVREST, *secrétaires.*

Pour copie conforme, F. DESFIEUX, *vice-président.*

De l'Imprimerie de L. POTIER DE LILLE, rue Favart, N°. 5. 1793.

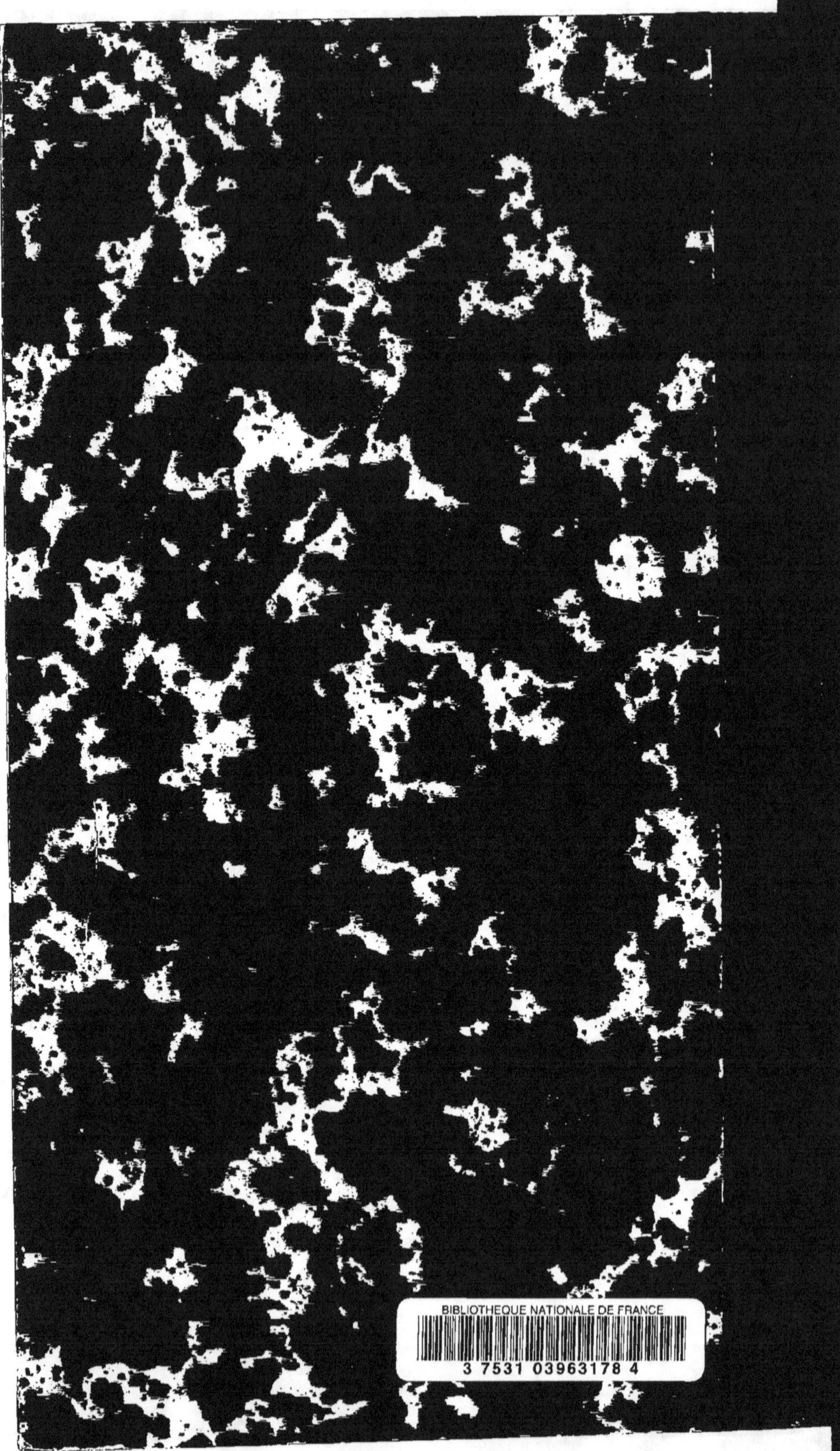